MELHORES POEMAS

Almeida Garrett

Direção
EDLA VAN STEEN

MELHORES POEMAS

Almeida Garrett

Seleção
IZABELA LEAL

São Paulo
2011

© Global Editora, 2011

1ª Edição, Global Editora, São Paulo 2011

Diretor-Editorial
Jefferson L. Alves

Gerente de Produção
Flávio Samuel

Coordenadora-Editorial
Arlete Zebber

Revisão
Tatiana F. Souza
Ana Carolina Ribeiro

Capa
Victor Burton

Dados Internacionais de Catalogação na Publicação (CIP)
(Câmara Brasileira do Livro, SP, Brasil)

Garret, Almeida, 1799-1854.
   Melhores poemas : Almeida Garrett / seleção Izabela Leal. – São Paulo : Global, 2011. – (Coleção Melhores poemas / direção Edla van Steen)
   Bibliografia
   ISBN 978-85-260-1594-4

1. Poesia brasileira. I. Leal, Izabela. II. Steen, Edla van. III. Título. IV. Série.

11-08628   CDD-869.91

Índice para catálogo sistemático:

1. Poesia : Literatura brasileira   869.91

Direitos Reservados

 Global Editora e Distribuidora Ltda.

Rua Pirapitingui, 111 – Liberdade
CEP 01508-020 – São Paulo – SP
Tel.: (11) 3277-7999 – Fax: (11) 3277-8141
e-mail: global@globaleditora.com.br
www.globaleditora.com.br

Obra atualizada conforme o
Novo Acordo Ortográfico da Língua Portuguesa

Colabore com a produção científica e cultural.
Proibida a reprodução total ou parcial desta obra sem a autorização dos editores.

Nº de Catálogo: **3075**

Izabela Leal nasceu no Rio de Janeiro, em 1969. Bacharel em Psicologia, fez mestrado em Literatura Portuguesa na Pontifícia Universidade Católica do Rio de Janeiro e doutorado em Literatura Portuguesa na Universidade Federal do Rio de Janeiro com bolsa da Fundação Calouste Gulbenkian. Publicou, em 2008, sua dissertação de mestrado, com a da professora Gilda Santos, num livro intitulado *Camilo Pessanha em dois tempos*. Lecionou literatura portuguesa e teoria da literatura. Realizou pesquisa de pós-doutorado sobre as traduções de Herberto Helder com bolsa da Fundação de Amparo à Pesquisa do Estado do Rio de Janeiro (Faperj). Atualmente é professora de Literatura Portuguesa na Universidade Federal do Pará.

ALMEIDA GARRETT: A POESIA EM TEMPOS DE PROSA

Poucos escritores têm, como Almeida Garrett, uma vida tão intimamente entrelaçada à história política de seu país. Defensor do Liberalismo, da Monarquia Constitucional e do Cristianismo, Garrett apoiou com dedicação a Revolução Liberal de 1820, que trouxe esperanças de renovação para o cenário político português, logo sufocadas por dom Miguel, líder de um movimento contrário às forças parlamentares. No cenário especificamente político, Almeida Garrett colaborou de forma ativa, dirigindo jornais, publicando ensaios e assumindo funções públicas como a de cônsul-geral em Bruxelas e, posteriormente, de deputado. Como consequência de sua defesa da causa liberal nos conturbados anos que sucederam à Revolução de 1820, sofreu três exílios seguidos entre 1823 e 1833.

No cenário literário exerceu participação igualmente ativa e diversificada, escrevendo poemas, peças de teatro, novelas e ensaios nos quais está presente a preocupação com a renovação e a revisão histórica de seu país e da literatura de seu tempo. É considerado o introdutor do Romantismo em Portugal, com o poema "Camões", de 1825, seguido de "D. Branca", de 1826, ambos compostos no exílio.

7

Os poemas político-ideológicos como "Aniversário da Revolução de 24 de agosto", escrito em 1821, são característicos do início de sua obra, assinalando seu comprometimento com o Liberalismo. O poema em questão integra o livro de versos da juventude, *Lírica de João Mínimo*, e pode ser citado como exemplo da prática de intervenção de que o autor sempre deu provas. Do mesmo livro, estão presentes também nesta antologia os poemas "O exílio" e "O Natal em Londres", ambos reveladores da visão poética de Garrett no exílio e da comparação do mundo português com o britânico, no qual viveu durante o degredo. A *Lírica de João Mínimo* atesta ainda a presença do arcadismo, típico da formação do autor, tal como se vê no poema "A primavera". Toda a sua obra é testemunho de um grande interesse pelo passado literário português, de que recolheu a tradição popular e a literatura oral no *Romanceiro* e que aparece assinalado em alguns poemas, como "Barca bela", presente em *Folhas caídas*, livro publicado um ano antes de sua morte.

Para além do papel de arquivista da memória portuguesa, Almeida Garrett assume também uma posição de inquiridor, sempre questionando a sociedade do seu país e avaliando as causas e consequências das variadas ações e movimentos políticos que vivenciou dentro e fora de Portugal. A partir dessas inquietações, sua obra apresenta uma nítida dialética entre materialismo e espiritualismo, utilitarismo e idealismo. É célebre a dicotomia que pontua a novela *Viagens na minha terra* (1846), representada, de um lado, por dom Quixote, encarnação do princípio espiritualista "que marcha sem atender à parte material e terrena desta vida, com os olhos fitos em suas grandes e abstractas teorias", e, de outro, por Sancho Pança, encarnação do princípio materialista que não faz "caso nem cabedal dessas teorias, em que não crê, e cujas impossíveis aplicações declara todas utopias". E é por essa oposição entre dom Quixote e Sancho Pança que Garrett procura entender e explicar as mudanças políticas e sociais que Portugal vivencia. Na novela em questão, a decadência do país é lida por meio do desleixo com que são tratados os monumentos e construções depositários da memória de sua pátria, sempre profanados e depredados, assinalando o descuido português com a própria história. A decadência é também o reflexo da passagem do espiritualismo, representado pelos frades, ao materialismo, representado pelos barões, termo com o qual se refere à burguesia, classe ascendente na época. Mas nem tudo é tão simples nessa dialética. Se, por um lado, os frades estão ligados aos valores espirituais, o regime que lhes corresponde é o Absolutismo, associado ao materialismo, por outro, a ascensão dos barões ao poder está ligada a um regime – o Liberal – que comporta o idealismo pelo qual Garrett lutou. Da perspectiva do autor, espiritualismo e materialismo são, portanto, antíteses complementares. Nesse sentido, não deixa de ser interessante citarmos uma breve passagem do capítulo XLII de *Viagens na minha terra*, em que o narrador se indigna com a profanação das ruínas do Convento de São Francisco, em Santarém: "Mais dez anos de barões e de regímen da matéria, e infalivelmente nos foge deste corpo agonizante de Portugal o derradeiro suspiro do espírito".

Essa longa digressão pela novela de Garrett, uma das mais importantes obras do Romantismo português, não é em nada gratuita, uma vez que sua lírica apresentará inquietações que guardam muitas semelhanças com as presentes nas *Viagens*. Para começar, lembremos que, no prefácio à *Lírica de João Mínimo*, Garrett se refere ao presente como um momento dominado pela prosa e no qual os versos despertam pouco interesse, "porque hoje a moda é prosa e mais prosa". A ascendência da prosa em relação à poesia vem associada também ao interesse pelas "economias políticas, estatísticas, químicas, físicas", ou seja, a um mundo guiado pela cientificidade e pelo pragmatismo, um mundo, enfim, materialista, que se oporia ao mundo idealista representado pela poesia. Não custa observar que no já referido capítulo XLII das *Viagens*, Garrett retoma sob outro ângulo a oposição entre prosa e poesia, traçando um antagonismo entre a burguesia dita esclarecida, na qual o autor se inclui, e o povo, classe pela qual nutria declarada afeição: "Nós, que somos a prosa vil da nação, nós não entendemos a poesia do povo".

Anos depois, na "Advertência" a *Flores sem fruto*, de 1845, Garrett abre o livro com uma lamentação: "enquanto fui poeta afrontei-me que mo chamassem; hoje tenho pena e saudade de o não poder já ser". E o que seria, na visão do autor, o fato de já não mais ser poeta? A pergunta se explica pela continuação do raciocínio desenvolvido na "Advertência": "era uma viciosa vergonha a que eu tinha, porque não há melhores nem mais nobres almas que as dos poetas: agora o conheço bem, desde que o não sou, e que sinto as picadas das más paixões e dos acres sentimentos da baixeza humana avisarem-me que está comigo a idade da prosa". Assim, Garrett nos revela que, em sua concepção, a poesia está relacionada às almas nobres, puras, enquanto a prosa estaria associada a uma visão mais realista do mundo, em que a corrupção do espírito e a degradação moral e dos sentimentos são nitidamente percebidas.

A consideração esboçada na "Advertência" pode ser confirmada mais adiante nos versos de "Já não sou poeta", que retoma o tema da passagem de um mundo idealizado, pertencente ao passado do autor, ao mundo realista e amargo do presente em que vive: "[...] não sou já poeta: caiu-me/ Da cabeça a coroa, o poder:/ A inocência do Éden fugiu-me,/ Fruto amargo provei do saber...". Aqui se torna nítida a oposição que Garrett esboça também na "Advertência" entre sentir e pensar, ou, no caso, saber. Segundo o autor, o poeta é aquele que sente muito e pensa pouco, uma vez que tem uma visão idealizada, ainda que ilusória, da vida. Entretanto, parece que o caráter ilusório é o que menos importa, já que até mesmo a visão realista é, segundo o autor, ilusória também: "E de que me serve a reflexão, a experiência, a razão como lhe chamam, senão é para ver de outro modo as ilusões da vida [...]!".

A valorização do idealismo volta alguns parágrafos adiante apoiada novamente na dicotomia entre o verso e a prosa: "Por meus pecados, fiz mais prosas que versos, e ajudei a gastar com elas a mocidade da minha alma e a frescura do meu coração; baixei de sobejo ao mundo das realidades, quando tinha asas para me remontar ao ideal, e pairar-me pelas regiões onde viçam as eternas flores do génio". Com essas palavras, o autor nos dá a chave para a leitura de mais um poema de *Flores sem fruto*, a saber, "As minhas asas", no qual o eu-lírico se declara possuidor, no passado, de umas asas brancas, dadas por um anjo, que podiam elevá-lo ao céu. Entretanto, ao contrapor o momento passado ao presente, o eu-lírico se diz cegado por uma "luz funesta/ De enfeitiçados amores...", que o fazem provar "O doce fel do deleite,/ O acre prazer das dores". A última estrofe do poema não poderia ser mais clara em relação à queda desse anjo-poeta depois de ter experimentado os prazeres mundanos: "E as minhas asas brancas,/ Asas que um anjo me deu/ Pena a pena me caíram.../ Nunca mais voei ao céu". Tudo indica, portanto, que a queda do anjo-poeta é acarretada pela transformação do amor puramente ideal num amor ligado à matéria, ao mundo terreno, que não é mais o mundo do céu. A partir da experiência do amor terreno o poeta não pode mais elevar-se ao ideal e é aqui que se abre a perspectiva da fatalidade, da perda da inocência, revelando um estado paradoxal de gozo que é, ao mesmo tempo, delícia e sofrimento. E o que torna esse amor tão fatal é a presença do desejo, do desejo carnal, que impedirá a inscrição do sentimento amoroso num nível puramente ideal e espiritual.

    A oposição e, mais do que isso, a tensão entre amor e desejo será um dos grandes temas de *Folhas caídas*, último livro de Almeida Garrett. Publicado em 1853, quando o autor já contava mais de cinquenta anos, considera-se que contenha os seus melhores versos. Seus poemas de amor são inegavelmente inspirados na relação que manteve com Rosa Montufar Infante, a viscondessa da Luz – senhora casada, de extrema beleza –, e com quem trocou uma extensa correspondência amorosa só publicada cem anos depois da morte do poeta. O

11

romance entre os dois se teria iniciado por volta de 1846 e não é difícil identificarmos algumas pistas autobiográficas, como a enorme repetição da palavra *rosa* e, por vezes, da palavra *luz* em suas composições. A associação entre *Folhas caídas* e o romance de Garrett com a viscondessa desencadeou uma recepção por vezes desfavorável à obra, já que o livro, na época, era considerado indecente.

Na "Advertência" a *Folhas caídas*, o autor desdiz uma afirmação feita dez anos antes em *Flores sem fruto*, em que declarava que aqueles eram os seus últimos poemas. Com a nova publicação, busca corrigir o equívoco: "Poeta na primavera, no estio e no outono da vida, hei-de sê-lo no inverno, se lá chegar, e hei-de sê-lo em tudo. Mas dantes cuidava que não, e nisso ia o erro". Se voltarmos ao que o autor disse anteriormente, veremos que, para ele, ser poeta não é apenas escrever versos, ser poeta é assumir uma atitude específica diante da vida e, por isso, o "hei-de sê-lo em tudo" se mostra tão revelador. Seguindo o raciocínio de Garrett, ser poeta é, mais uma vez, buscar o ideal, que agora ele define como um deus desconhecido ao qual o seu livro é consagrado. "Ignoto Deo" é o título do poema de abertura, mas o autor logo avisa que não se reporta a nenhuma divindade, e sim ao "misterioso, oculto e não definido sentimento d'alma que a leva às aspirações de uma felicidade ideal, o sonho de oiro do poeta".

E é a partir desse ponto, de uma felicidade ideal que, afinal de contas, estaria no amor, que a contradição entre amor e desejo se pode expressar com uma amplitude ainda maior. Mas vamos por partes. Ao prosseguir na sua argumentação, Garrett acrescenta ainda que essa aspiração não se realiza nunca, e levanta a suspeita de que "A culpa é talvez da palavra, que é abstracta demais. Saúde, riqueza, miséria, pobreza, e ainda coisas mais materiais, como o frio e o calor, não são senão estados comparativos, aproximativos. Ao infinito não se chega, porque deixava de o ser em se chegando a ele". O que significa que, pelas palavras, somos arrastados em direção a alguma coisa que não podemos alcançar, a um infinito que não pode ser atingido, a um ideal que não é possível realizar.

Tal ideal pode ser associado à alegria plena, à completude para a qual só o amor é capaz de apontar, como bem se vê no poema "Cascais": "Que longos beijos sem fim,/ Que falar dos olhos mudo!/ Como ela vivia em mim,/ Como eu nela tinha tudo". Esse momento de plenitude é percebido, entretanto, por um olhar que se dirige ao passado, isto é, a um momento perdido. A escrita do poema situa-se no presente que não é mais o da plenitude, e os versos dão a ver, justamente, a perda do objeto que completaria o eu-lírico, numa distância que, em última análise, é a das próprias palavras em relação às coisas, como Garrett já havia suspeitado. E a tensão entre amor e desejo explicita-se aqui com toda a sua riqueza, pois o espaço cavado entre o sujeito e seu objeto nada mais é do que o espaço cavado pelo desejo. É o desejo que faz que não possa haver uma união plena, uma vez que só desejamos aquilo que está afastado de nós. Nesse sentido, o amor é a completude – ideal e impossível – que o desejo vem perturbar. Lembremos que, na "Advertência", Garrett afirma também que "o poeta é louco, porque aspira sempre ao impossível". O desejo revela, justamente, que não se chega ao infinito desejado, que o amor como pura completude não se pode realizar, já que a satisfação do desejo seria também a sua morte. Se o sujeito continua desejando, é porque a completude se rompeu e o amor ideal falhou em seu objetivo. Daí venha, talvez, um dos sentidos para o célebre poema "Não te amo", que já deu margem a inúmeras leituras moralistas e moralizantes, segundo as quais Garrett estaria apenas difamando a amante, uma mulher indigna. Mas a leitura pode revelar-se bem mais complexa se atentarmos para o fato de que a oposição entre amor e desejo introduzirá, na última estrofe, o sentimento do medo, gerado pelo objeto de desejo, e também da culpa, pois o eu-lírico se assume como "infame" por desejar o objeto, acatando uma condenação provinda da sociedade: "E infame sou, porque te quero; e tanto/ Que de mim tenho espanto,/ De ti medo e terror.../ Mas amar!... não te amo, não". De fato, todo o poema é conduzido por um contraste entre *querer* e *amar*, segundo o qual o querer está, obviamente, marcado por uma forte carga sexual e, além disso, por um caráter que o associa à perdição. Assim, ao contrário do amor, que remeteria à paz e à tranquilidade, o desejo suscita culpa, medo e terror.

Em "Quando eu sonhava", o tema reaparece de uma forma um pouco diferente, agora assinalando a passagem do sonho de um amor ideal à encarnação desse sonho numa mulher de carne e osso, provocando uma ruptura em relação ao estado onírico que o poeta vivenciava anteriormente: "[...] Quando era vaga,/ Uma ideia, um pensamento, [...]/ Eu sonhava – mas vivia:/ Prazer não sabia o que era,/ Mas dor, não na conhecia...". E em "Gozo e dor", mais uma vez, o poeta aponta para a coexistência entre prazer e dor, típica do amor temperado pelo prazer carnal: "O excesso do gozo é dor".

É certo que os versos de Garrett não mais nos espantam por serem despudorados, mas, se *Folhas caídas* já não provoca o escândalo que suscitou na sociedade conservadora do Portugal do século XIX, não diminui o interesse que desde o início despertou. As inquietações que eles nos deixam ver, tais como a presença explícita do conflito inerente ao amor e ao desejo, são ainda atuais, pois revelam que nós – seres de palavras, seres de linguagem – somos dilacerados pelas contradições.

Izabela Leal

POEMAS

SONETOS

CAMÕES NÁUFRAGO

(1815)

Cedendo à fúria de Neptuno irado
Soçobra a nau que o grão tesouro encerra;
Luta coa morte na espumosa serra
O divino cantor do Gama ousado.

Ai do Canto mimoso a Lísia dado!...
Camões, grande Camões, embalde a terra
Teu braço forte, nadador aferra
Se o Canto lá ficou no mar salgado.

Chorai, Lusos, chorai! Tu morre, ó Gama,
Foi-se a tua glória... Não; lá vai rompendo
Coa dextra o mar, na sestra a lusa fama.

Eterno, eterno ficará vivendo:
E a torpe inveja, que inda agora brama,
No abismo cairá do Averno horrendo.

LÍRICA DE JOÃO MÍNIMO
(1829)

A PRIMAVERA

Come, gentle Spring, ethereal mildness, come!

Thompson

Que estância tão feliz, de Flora alvergue,
   Mimo da natureza!
Que saudável bafejo d'aura estiva
   Me renova a existência!
Doce a mansão das Dríades florentes
   O olfacto lisonjeia;
Ledo cos filhos o cantor plumoso
   Gorjeando esvoaça
De raminho em raminho, e vai na relva
   Colher o tenro gomo
Da ervinha que desponta, e vem trazê-la
   Ao fabricado ninho,
Onde a mole penuge apenas cobre
   Os caros pequeninos.
Tudo é vida, que pula, que germina
   Na alegre natureza.
Quase se antolha, ao reviver dos troncos,
   Ao nascer de mil plantas,
Ouvir a voz que ao caos tumultuário
   A face deu primeira,
Toar de novo, recriar os entes

Das sémines do nada.
Ah! vós, que respirais ar empestado
Entre o múrice e o oiro.
Que ignorais os prazeres da existência,
Vinde, vinde comigo
No seio da risonha natureza
Conhecê-los, gozá-los.
Ela, que é simples como a flor dos campos,
Não criou para o homem
Doirada habitação, mentida estância
De prazer depravado.
Aquele a quem razão limpou dos olhos
Do preconceito as névoas,
Preza seus dons, desliza a turba inchada
De estúpidos pavões:
Enquanto eles o vácuo insaciável
Do ingénito apetite
Errados buscam saciar à toa,
Ri de sua lida o sábio:
Furtando-se ao clarão de Febo irado,
Entre louçãos verdores,
No mistério da vida, nos prodígios
Da criação se embebe.
Olha o matiz da flor, olha esse luxo
De púrpuras e de oiro!
Nem Salomão em toda a sua pompa
Trajou galas tão ricas.
Este campo, esta vista apura n'alma
Os sentimentos nobres,

Virtuosos, singelos; restitui
	O homem à essência de homem.
Assim, latino Orfeu, cantor das Graças,
	Nas módicas Sabinas,
Coa filósofa musa ao lado, ao peito,
	Passavas áureos dias.

ANIVERSÁRIO DA REVOLUÇÃO DE 24 DE AGOSTO

Jure solemnis mihi, sanctiorque
Natali proprio.

Horat

Como vens, linda aurora,
Formosa desdobrando
Por esse azul dos céus o róseo manto!
Coas lágrimas de gosto que desparzes
Abres cortejo ao dia
Que inda viram maior os Lusitanos.

Dize-me, ó bela esposa
Do remoçado velho:
Na pátria minha, na ditosa Elísia
Quais fitos viste em ti olhos, semblantes,
Que jubilosos vivas
Desse berço de heróis aos céus erguer-se.

Dá-me esse único alívio
A mim, que malfadado
Nem me outorgaram invejosos numes
Ver-te assomar nos pátrios horizontes,
E desse povo ilustre
O meu ténue clamor juntar aos brados.

Ó páginas da História,
De par em par abri-vos,
Que a mão lá vai gravar da eternidade
Em caracteres rútilos de fogo
O dia augusto e grande
Que a Lísia trouxe liberdade e glória.

O pátrio Douro altivo,
Espedaçando os ferros,
Nega o tributo ao mádido Oceano;
Só guerra quer levar: guerra, que Lísia,
Do tridente senhora,
De novo o ceptro recobrou dos mares.

"Ondas, tremei" lhes brada:
"Trema o tirano vosso;
Que as Quinas outra vez se erguem, se hasteiam
E vão das vagas legislar ao mundo,
Vão do orbe às partes quatro
O jugo antigo renovar coa espada."

O duro som terrível
Toa de polo a polo,
Os eixos do Universo estremeceram,
E sobre a face da convulsa Terra
Pálido o susto frio
Horrendo estende as asas cor da morte.

Sossegai, nações do Orbe,
Recobrai-vos do medo,
Que Lísia os ferros seus, que espedaçara,

Não leva em dom cruel aos outros povos.
Da ambiciosa Roma
A criminosa glória não procura.
  Romanos, oh! não foram
  Os Césares e Augustos,
Romano foi Catão, romano Cévola;
E quais esses então são hoje os Lusos:
  Nem cabem num só peito
Avareza e ambição coa liberdade.

  Oh pátria, oh pátria minha,
  Que dia de ventura!
Que sincero, que puro regozijo
Em praças, em teatros não rebenta,
  Em sinceros prazeres,
Festas condignas de um liberto povo!

  E eu mísero e mesquinho,
  De mágoas retalhado
Só vejo a vasta solidão dos mares,
Só a mudez dos céus no azul monótono,
  E um sol que as luzes balda
Nessa imensa soidão que me circunda.

  Lembranças, que me afogam
  De angústia e de martírio,
Vêm recordar-me a pátria, amigos, tudo,
E deixar-me depois – se é que me deixam,
  Em vão pelo horizonte
Rastrear de olhos longos a esperança.

Assim o vago Ulisses
Longe da cara esposa,
Do filhinho, do pai, todo saudades,
Só pede aos deuses crus por graça extrema
Ver dos paternos lares
Erguer-se o fumo, e morrerá de gosto.

O EXÍLIO

Ha! bannishment? be merciful, say – death:
For exile has more terror in his look
Much more than death.

Shakespeare

Vem, minha Délia, vem, querida amiga,
Sentar-te junto a mim. – Vês essas névoas
Como escondem o azul e os céus, que engrossam
Coa cerração pesada e melancólica
Deste país de exílio, desta pátria
Dos taciturnos, gélidos britanos?
Oh! como é triste a terra de desterro!
Tão só como as areias do deserto,
Triste como o cair das folhas pálidas
No desbotado Outono. – Solitário
No meio das cidades, das campinas,
Vai após de esperança mal segura
O que deixou amigos, pais e pátria
Para fugir ao açoite da injustiça.
Oh! se uma voz ao menos lhe falara,
Lhe coasse no ouvido os sons tão gratos
Do pátrio idioma que ninguém lhe entende?...
Não, que tudo lhe é surdo; e só responde
O coração, que bate, aos ais do triste.

Ai, infeliz de mim!... eu já dessa arte
Vi horas longas deslizar-se o Tamisa
Por entre esses palácios, essas torres
Coroadas dos despojos do universo,
Salpicadas do sangue de reis ímprobos...
Ou malfadados – monumentos grandes,
Torres, palácios que memórias guardam
De artes, de heroicos feitos, de virtudes
E de crimes também. – Oh! quantas vezes
Solitário vaguei por esses pórticos,
Por entre essas colunas apinhadas
De rebuliço e povo!... E em meio deles
Eu solitário e só – Porquê? Porque alma,
Porque o meu coração voava ao longe.
Entre essa multidão nem um amigo!
E se um fora, onde a amante, onde os carinhos
Que amolgam penas e acalentam dores?

Suave Délia, agora o teu amigo
Já não vive no exílio: a minha pátria,
A minha pátria agora é nos teus braços.
Deixá-los, os tiranos que se aprazem
Coas lágrimas da opressa humanidade,
Proscrever-me da terra! Que me arrojem
Para os gelos da inóspita Sibéria,
Onde o tão puro sol da nossa Elísia
À polar cerração nega os seus raios,
Aí, de um teu sorriso alumiado,
Entre essas solidões darei coa pátria,
Acharei os amigos, pais, e tudo,
Que tudo me darás nos teus afagos.

O NATAL EM LONDRES

Anathema sit.
Conc. Trid.

Que Natal este! – Sempre sois hereges,
  Meus amigos Ingleses.
Bem haja o Santo Padre, e a sua bula
  De fulminante anátema
Que excomungou estes ilhéus descridos!
  Oh! nunca a mão lhe doía.
– Ver na minha católica Lisboa
  As festas de tal noite!
Sinos a repicar, moças aos bandos
  Coa bem trajada capa,
E o alvo-teso lenço em coca airosa,
  Donde um par de olhos negros
Dão as boas-festas ao vivaz desejo
  Do tafulo devoto
Que embuçado acudiu no seu capote
  À pactuada igreja!
Natal da minha terra, que lembranças
  Saudosas e devotas
Tenho de tuas festas tão gulosas,
  E de teus dias santos
Tão folgados e alegres! Como vinhas

Nos frios de Dezembro
De regalados fartes coroado
　　Aquecer corpo e alma
Co vinho quente, cos mexidos ovos,
　　E farta comezana!
　　E estes excomungados protestantes,
　　(Olhem que bruta gente)
Sempre casmurros, sempre enregelados
　　Bebendo no seu *ale*,
E tasquinhando na carnal montanha
　　Do *beef* cru e insípido!
Pois os *Christmas-pyes*, gabado esmero
　　De sármatas manjares!...
Olhem estas pequenas... são bonitas;
　　Mas que importa que o sejam
Se das Graças donosas, praguejadas,
　　Rústicas e selvagens,
Nem dança airosa, nem alegre jogo
　　De divertidas prendas
Arranjar sabem, e passar o tempo
　　Em honesto folguedo!
Jogar um *whist* morno e taciturno,
　　Sentar-se em mona roda
Junto ao fogão, fazer um detestável
　　Chá-preto e fedorento,
Sem ar, sem graça... – Oh madre natureza,
　　Quanto mal empregaste
A formosura, o mimo, as lindas cores
　　Que a tais estátuas deste!

FLORES SEM FRUTO
(1845)

ADVERTÊNCIA

    Enquanto fui poeta afrontei-me que mo chamassem; hoje tenho pena e saudade de o não poder já ser. Era uma viciosa vergonha a que eu tinha, porque não há melhores nem mais nobres almas que as dos poetas: agora o conheço bem, desde que o não sou, e que sinto as picadas das más paixões e dos acres sentimentos da baixeza humana avisarem-me que está comigo a idade da prosa; – como ao que teve folgazã e solta mocidade o avisam os primeiros latejos da gota de que lhe está a velhice a entrar em casa.
    Dieta, regularidade e moderação prolongam a juventude do corpo; mas quando a alma chegou a enrugar-se, não há higiene que a desfranza. A minha está velha; e a todos os achaques da velhice, junta essa fatal e matadora saudade do passado. Quanto dera eu por ver e sentir como via e sentia quando pensava pouco e sentia muito! Quem me dera ser o louco, o doido, o poeta que eu tinha vergonha de ser! E de que me serve a reflexão, a experiência, a razão como lhe chamam, senão é para ver de outro modo as ilusões da vida, para as ver do lado feio, torpe, baixo e vulgar, quando eu as via dantes esmaltadas de todas as cores do Íris, belas de toda a poesia que estava na minha alma, grandes de todas as virtudes que eram no meu coração!
    Ora pois! não sou já poeta: podem-me fazer "almotacé do meu bairro", quando quiserem. Forte sensaborão ganhou

a pátria! E custou: que levaram muito tempo e muito trabalho para me despoetizarem; foram precisos anos de rudes lutas, centos de desenganos, milhares de desapontamentos para me fazerem conhecer o mundo tal como ele é, os homens como eles são. Cheguei enfim a isso, e deixei portanto de ser poeta. O meu horto de flores tão queridas e mimosas, que não davam fruto, mas alimentavam a vida com seus aromas de benéfica e nutriente exalação, que eram, como aqueloutras flores de que disse Camões:

> *Contam certos autores*
> *Que, junto da clara fonte*
> *Do Nilo, os moradores*
> *Vivem do cheiro das flores*
> *Que nascem naquele monte:*

o meu horto vou plantá-lo de luzerna e beterrabas. E arranquemos estas "flores sem fruto", não as veja algum utilitário que me condene de relapso, a ir, de carocha e sambenito poético, arder nalgum auto da fé que por aí celebrem em honra de Adam Smith ou de João Baptista Say, ou dos outros grandes homens cuja ciência é como a do Horácio de Shakespeare que não vê "mais coisa nenhuma entre o céu e a terra do que as que sonha a sua filosofia".

Não as colhi pois, arranquei-as, estas pobres flores que aqui enfeixo numa triste e última capela para deixar dependurada na minha cruz; e aí murche e seque ao suão ardente do deserto em que fica, até que me venham enterrar ao pé dela, aqui onde eu quero jazer junto das últimas recordações poéticas da minha vida, dos últimos sonhos que sonhei acordado, e que valem mais do que todas as realidades que depois tenho visto.

E não cuides, amigo leitor, que eu quero dizer nisto que não fiz senão versos até agora, que não farei senão prosas daqui em diante. Por meus pecados, fiz mais prosas que versos, e ajudei a gastar com elas a mocidade da minha alma e a frescura do meu coração; baixei de sobejo ao mundo das realidades, quando tinha asas para me remontar ao ideal, e pairar-me pelas regiões onde viçam as eternas flores do génio. Fiz, quando não devia, fiz prosas em anos de versos. Quem sabe se a estulta vaidade que mos fez fazer então, me não levará também para o diante a fazer versos em anos de prosa? Não é minha tenção, mas não o juro; que isto de ser poeta é como ser embarcadiço: um dia aperta a vontade, comem os desejos por tal modo, que se vai um homem por esses mares fora, e só no meio do temporal se lembra de que já não é para semelhantes folias.

Isto porém que nasce espontâneo d'alma, que vem, como ejaculação involuntária de dentro, quando transborda o coração de júbilo ou de pena ou de admiração; isto que é o falar do homem para Deus naquelas frases incoerentes, inanalisáveis pelas gramáticas humanas, porque são reminiscências da língua dos anjos que ele soube antes de nascer; isto que se entoa e se canta no coração, antes e muito mais belo do que o repita a língua, desses versos não tornarei eu a fazer, porque não posso, porque era mister que Deus fizesse o milagre de me remoçar a alma: e não o fará.

São pois estas quase absolutamente as últimas coisas líricas que, por vontade e autorização minha, se publicarão d'entre tantíssimas que fiz e que, pela maior parte, tenho destruído. Não faltará quem diga talvez que melhor fora que o fizesse a todas. Mas não é essa a opinião nem a vontade das maiorias que consultei. E já se vê que, segundo a moda dos tempos, eu consultei as minhas maiorias, e não fiz caso das outras: às quais todavia – e não à moda do tempo – deixo o direito salvo para ralhar livremente e como quiserem.

Já se vê bem assim o porquê ponho este título de *Flores sem fruto* à pequena colecção de poesias que aqui vai. Nem todas são de primavera estas flores; há de várias estações: fruto é que nenhuma deu. Deixariam de ser flores poéticas se o dessem.

O nosso Miguel Leitão chamou à sua miscelânea, *Ensalada de várias ervas* – e esse príncipe alemão que é tanto moda, e que escreve com tão desgarrada elegância, pôs a uma das suas colecções de rapsódias críticas o título italiano de *Tutti--frutti*, que significa o mesmo quase. E não cuidem que este príncipe que cito, com ser príncipe prussiano também, é o aventureiro que aqui andou há dois anos a rabiscar sensaborias a respeito da nossa terra, metendo para o saco toda quanta calúnia e mentira lhe deram os estrangeiros e estrangeirados que nos devoram e detestam, para as espalhar depois pela Europa, a fim de que o mundo diga: "Muito favor lhe fazem os opressores daquele bruto e estúpido Portugal em o governarem a pontapés e lhe tirarem o último cruzado-novo de que ele não sabe usar!".

Bendita seja a nobre e generosa princesa que tratou o bandoleiro como ele merecia, e que não tolerou diante de si o caluniador de sua família e da nação que a adoptara! Assim fizessem os outros!

Não senhor; "Semilasso", autor de *Tutti-frutti*, é outra casta de príncipe: talvez o tratassem mal aqui se ele cá viesse. E não me peja de seguir o seu exemplo de longe, escolhendo o título que escolhi para esta miscelânea de reminiscências poéticas.

Mas nem somente são de várias estações, são também de várias e mui desvairadas espécies estas flores. Ao pé do acanto da lira antiga, vai o trevo e o goivo que enramavam o alaúde romântico; o nardo, a manjerona e a mesma rosa da Palestina ousaram crescer entre o loto e os mirtos da Ática: e não em jardim simétrico, riscado a régua e compasso como os do século passado, mas de paisagem livre em que se aproveitaram os descuidos e acidentes da natureza e do terreno.

Algumas poucas peças políticas leva esta colecção; e delas há que nem eu já entendo bem; tanto mudaram em tão poucos anos circunstâncias e pessoas que a inspiraram. Mas não as podia tirar de um livro em que vai consignada a maior ou melhor parte das minhas sensações poéticas em toda uma época, e essa a mais aventurosa, a mais cheia e mais importante da minha vida.

Novembro, 3 – 1843

O SACRIFÍCIO

(DE SAFO)

Vem, Átis, coroar de infantes rosas
Essa frente engraçada, – e as tranças móveis
De teus áureos cabelos, deixa-as soltas
    Pelo colo de neve.
Oh! que amável pudor te anima e cora!
Vem, colhe com teus dedos melindrosos
Frescas boninas, doces violetas
    De suavíssimo aroma;
Que a vítima de flores coroada
Sempre é mais grata aos deuses. Vem: teremos
Estas selvas sisudas por altares,
    Onde a minha ventura
Me há-de elevar aos numes soberanos.
Enlaça em torno a mim essas grinaldas,
Reclina-te em meu seio, os olhos belos
    Para os meus olhos volve...
Que linda coras! que formosos lábios!
Essa polida tez não cede às flores:
Não, que a viveza de sua cor brilhante
    O esplendor não te ofusca.

A LIRA

(DE ANACREONTE)

De gosto cantara Atridas,
    E a Cadmo erguera louvor;
Porém as cordas da lira
    Só sabem dizer amor.

Há pouco, mudando-a toda,
    Novas cordas lhe assentava,
E de Alcides os trabalhos
    A cantar principiava;

Mas, contra as minhas tenções,
    Em vez de marciais furores,
De teimosa e como a acinte,
    Sempre vai soando amores.

Adeus, heróis! adeus, glória!
    Adeus, guerreiro furor!
As cordas da minha lira
    Só sabem dizer amor.

A POMBINHA

(DE ANACREONTE)

De onde vieste,
    Amável pombinha,
    Gentil avezinha,
Aonde é que vás?

De donde trouxeste
    Aroma tão brando
    Que esparzes, voando,
Por todo esse ar?

– Foi Anacreonte
    Que ao seu bem-amado
    Com meigo recado,
Aqui me mandou:

Seu bem, que reparte
    Dos lumes divinos
    Ao mundo os destinos
Num lânguido olhar.

Da maga Citera
    O cego menino,
    A troco de um hino
Ao vate me deu:

Sou de Anacreonte
   Agora o paquete,
   É dele o bilhete
Que vou entregar.

Prometeu-me cedo
   De dar-me alforria,
   Que eu antes queria
Sempre escrava ser...

Que gosto é no mato
   Andar pelas fragas,
   Viver só de bagas.
Nos ramos dormir?

Da mão de meu dono
   Como alvo pãozinho
   E só bebo vinho
Do que ele me dá.

Às vezes alegre
   Saltando, esvoaço,
   E sombra lhe faço
Co'as asas a dar;

Ou quando me sinto
   De sono pesada,
   Na lira doirada
Me deito a dormir.

Adeus! que me fazes
    Ser mais palradeira
    Que a gralha grasneira
Com o teu perguntar.

A TEMPESTADE

Coeco carpitur igni.
Virgil

I

Sobre um rochedo
Que o mar batia,
Triste gemia
Um desgraçado,
Terno amador.
Já nem lhe caem
Dos olhos lágrimas;
Suspiros férvidos
Apenas contam
Seu triste amor.

II

Ondas, clamava o mísero,
Ondas que assim bramais,
Ouvi meus tristes ais!
Horrível tempestade,
Medonho furacão,
Não é mais agitado
Do que o meu coração

O vosso despregado,
Horríssono bramar!
 Ânsia que atropela,
 Meu lânguido peito
 É mais violenta
 Que o tempo desfeito
 Que a onda encapela,
 Que agita a tormenta
 No seio do mar.

      III

Mas, ah! se o negrume
O sol dissipara
 Calmara,
 Seu nume
O horror do tufão.
Assim à minha alma
 A calma
 Daria
 De Armia
 Um sorriso:
Um raio de esp'rança
 Do paraíso
 Traria
 A bonança
Ao meu coração.

TRONCO DESPIDO

Sine nomine corpus.
Virgil

Qual tronco despido
De folha e de flores.
Dos ventos batido
No inverno gelado,
de ardentes queimores
No estio abrasado,
De nada sentido,
Que nada ele sente...
Assim ao prazer,
À dor indif'rente,
Vão-me horas da vida
  Comprida
  Correndo,
  Vivendo.
  Se é vida
Tão triste viver.

NÃO CREIO NESSE RIGOR

Não creio nesse rigor
Que nos olhos se desmente:
    É traidor
    O deus d'amor,
Mas em teus olhos não mente.

Deixa pois tanto rigor,
E na verdade consente:
    Que é traidor
    O deus d'amor
E nos olhos te desmente.

RAMO SECO
NO ÁLBUM
DE UMA SENHORA BRASILEIRA

I

No país doce de Cabral nascida
Afeita àquela eterna primavera
Que perpetua a vida
Na folhagem vivaz que não se altera,
Nem conhece as fadigas e a pobreza
De nossa lenta e velha natureza,
Porque, filha mimosa
Da Atlântida formosa,
Porque tão tarde vens, nos tristes dias
De nosso feio inverno,
Visitar estas praias tão sombrias,
Estas devesas hórridas e frias,
Só povoadas pelo gelo eterno?

II

Bem te quero brindar, que és boa e bela;
Mas confuso e corrido
Venho coas mãos vazias,
Que por esse valado desabrido

Nem bonina singela,
Que ofertar-te, desponta...
A queimada vergonta
Da combatida esteva
Açoita o furacão; o alvor que neva
Pende entre os ramos secos do arvoredo,
E escarnece com pérfido arremedo
Os seus mortos amores
Que tarde – ai, tarde! – volverão coas flores.

III

E que culpa tenho eu que, esperdiçada
Em dons contigo e com teu doce clima,
Tão pouco me deixasse a natureza,
Tão pouco e minguado?
– Vês: o pobre poeta estropiado,
Velho no coração, velho na rima,
Não tem, na sua pobreza,
Com que te pôr aqui outra memória
De sua boa amizade,
Mais do que um seco ramo de saudade,
Sem flor, sem folhas... todo o viço e glória
Se lhe foi com o inverno desta idade,
Velhice d'alma... oh! tão desconsolada,
Tão pior que a do corpo! – descontento
Perene, tão pesado e sem conforto,
E em que, por mor tormento,
Sente a alma ainda – e o coração é morto.

JÁ NÃO SOU POETA

Eu queria apanhar uma rosa
De um rosal que já tive no céu,
Quando eu era poeta – e mimosa
Dessas flores que a tantos já deu,
Minha mão punha a c'roa ao valor
E prendia em grinaldas amor.

Eu queria apanhar uma rosa
Do rosal que já tive no céu,
Rosa pura, singela e mimosa,
Para a dar a quem tanto a mer'ceu,
A quem junta ao precioso valor
D'alma bela, as mais graças de amor.

Mas não sou já poeta: caiu-me
Da cabeça a coroa, o poder:
A inocência do Éden fugiu-me,
Fruto amargo provei do saber...
Sei, perdi-me... e na triste memória
Nem saudades já tenho da glória.

Bem o vês, o alaúde caiu-me
Destas mãos que não têm já poder;
E o som derradeiro fugiu-me
Do hino eterno que ergui ao nascer.
Ai, por ti, por ti só, à memória
Vêm saudades do tempo da glória!

AS MINHAS ASAS

Eu tinha umas asas brancas,
Asas que um anjo me deu,
Que, em me eu cansando da terra,
Batia-as, voava ao céu.
– Eram brancas, brancas, brancas,
Como as do anjo que mas deu:
Eu inocente como elas,
Por isso voava ao céu.

Veio a cobiça da terra,
Vinha para me tentar;
Por seus montes de tesouros
Minhas asas não quis dar.
– Veio a ambição, co'as grandezas,
Vinham para mas cortar,
Davam-me poder e glória
Por nenhum preço as quis dar.

Porque as minhas asas brancas,
Asas que um anjo me deu,
Em me eu cansando da terra
Batia-as, voava ao céu.

Mas uma noite sem lua
Que eu contemplava as estrelas,
E já suspenso da terra,
Ia voar para elas,
– Deixei descair os olhos
Do céu alto e das estrelas...
Vi entre a névoa da terra,
Outra luz mais bela que elas.

E as minhas asas brancas,
Asas que um anjo me deu,
Para a terra me pesavam,
Já não se erguiam ao céu.

Cegou-me essa luz funesta
De enfeitiçados amores...
Fatal amor, negra hora
Foi aquela hora de dores!
– Tudo perdi nessa hora
Que provei nos seus amores
O doce fel do deleite,
O acre prazer das dores.

E as minhas asas brancas,
Asas que um anjo me deu
Pena a pena me caíram...
Nunca mais voei ao céu.

OLHOS NEGROS

Por teus olhos negros, negros,
Trago eu negro o coração,
De tanto pedir-lhe amores...
E eles a dizer que não.

E mais não quero outros olhos,
Negros, negros como são,
Que os azuis dão muita esp'rança,
Mas fiar-me eu neles, não.

Só negros, negros os quero;
Que, em lhes chegando a paixão,
Se um dia disserem sim...
Nunca mais dizem que não.

FOLHAS CAÍDAS
(1853)

ADVERTÊNCIA

    Antes que venha o inverno e disperse ao vento essas folhas de poesia que por aí caíram, vamos escolher uma ou outra que valha a pena conservar, ainda que não seja senão para memória.
    A outros versos chamei eu já as últimas recordações de minha vida poética. Enganei o público, mas de boa-fé, porque me enganei primeiro a mim. Protestos de poetas que sempre estão a dizer adeus ao mundo, e morrem abraçados com o louro – às vezes imaginário, porque ninguém os coroa.
    Eu pouco mais tinha de vinte anos quando publiquei certo poema, e jurei que eram os últimos versos que fazia. Que juramentos!
    Se dos meus se rirem, têm razão; mas saibam que eu também primeiro me ri deles. Poeta na primavera, no estio e no outono da vida, hei-de sê-lo no inverno, se lá chegar, e hei-de sê-lo em tudo. Mas dantes cuidava que não, e nisso ia o erro.
    Os cantos que formam esta pequena colecção pertencem todos a uma época de vida íntima e recolhida que nada tem com as minhas outras colecções.
    Essas mais ou menos mostram o poeta que canta diante do público. Das *Folhas caídas* ninguém tal dirá, ou bem pouco entende de estilos e modos de cantar.
    Não sei se são bons ou maus estes versos; sei que gosto mais deles do que de nenhuns outros que fizesse. Por quê? É

impossível dizê-lo, mas é verdade. E, como nada são por ele nem para ele, é provável que o público sinta bem diversamente do autor. Que importa?

Apesar de sempre se dizer e escrever há cem mil anos o contrário, parece-me que o melhor e mais recto juiz que pode ter um escritor é ele próprio, quando o não cega o amor--próprio. Eu sei que tenho os olhos abertos, ao menos agora.

Custa-lhe a uma pessoa, como custava ao Tasso, e ainda sem ser Tasso, a queimar os seus versos, que são seus filhos; mas o sentimento paterno não impede de ver os defeitos das crianças. Enfim, eu não queimo estes. Consagrei-os *Ignoto Deo*. E o deus que os inspirou que os aniquile se quiser: não me julgo com direito de o fazer eu.

Ainda assim, no *Ignoto Deo* não imaginem alguma divindade meia-velada com cendal transparente, que o devoto está morrendo que lhe caia para que todos a vejam bem clara. O meu deus desconhecido é realmente aquele misterioso, oculto e não definido sentimento d'alma que a leva às aspirações de uma felicidade ideal, o sonho de oiro do poeta.

Imaginação que porventura se não realiza nunca. E daí quem sabe? A culpa é talvez da palavra, que é abstracta demais. Saúde, riqueza, miséria, pobreza e ainda coisas mais materiais, como o frio e o calor, não são senão estados comparativos, aproximativos. Ao infinito não se chega, porque deixava de o ser em se chegando a ele.

Logo o poeta é louco, porque aspira sempre ao impossível. Não sei. Essa é uma disputação mais longa.

Mas sei que as presentes *Folhas caídas* representam o estado de alma do poeta nas variadas, incertas e vacilantes oscilações do espírito, que, tendendo ao seu fim único, a posse do *ideal*, ora pensa tê-lo alcançado, ora estar a ponto de chegar a ele – ora ri amargamente porque reconhece o seu engano – ora se desespera de raiva impotente por sua credulidade vã.

Deixai-o passar, gente do mundo, devotos do poder, da riqueza, do mando, ou da glória. Ele não entende bem disso, e vós não entendeis nada dele.

Deixai-o passar, porque ele vai onde vós não ides; vai, ainda que zombeis dele, que o calunieis, que o assassineis. Vai, porque é espírito, e vós sois matéria.

E vós morrereis, ele não. Ou só morrerá dele aquilo em que se pareceu e se uniu convosco. E essa falta, que é a mesma de Adão, também será punida com a morte.

Mas não triunfais, porque a morte não passa do corpo, que é tudo em vós, e nada ou quase nada no poeta.

Janeiro – 1853

IGNOTO DEO

(D. D. D.)

Creio em ti, Deus: a fé viva
De minha alma a ti se eleva.
És: – o que és não sei. Deriva
Meu ser do teu: luz... e treva,
Em que – indistintas! – se envolve
Este espírito agitado,
De ti vêm, a ti devolve,
O Nada, a que foi roubado
Pelo sopro criador
Tudo o mais, o há-de tragar.
Só vive do eterno ardor
O que está sempre a aspirar
Ao infinito donde veio.
Beleza és tu, luz és tu,
Verdade és tu só. Não creio
Senão em ti; o olho nu
Do homem não vê na terra
Mais que a dúvida, a incerteza,
A forma que engana e erra.
Essência! a real beleza,
O puro amor – o prazer
Que não fatiga e não gasta...

Só por ti os pode ver
O que inspirado se afasta,
Ignoto Deo, das ronceiras,
Vulgares turbas: despidos
Das coisas vãs e grosseiras
    Sua alma, razão, sentidos,
    A ti se dão, em ti vida,
E por ti vida têm. Eu, consagrado
A teu altar, me prostro e a combatida
Existência aqui ponho, aqui votado
Fica este livro – confissão sincera
Da alma que a ti voou e em ti só spera.

ADEUS!

Adeus! para sempre adeus!
Vai-te, oh! vai-te, que nesta hora
Sinto a justiça dos céus
Esmagar-me a alma que chora.
Choro porque não te amei,
Choro o amor que me tiveste;
O que eu perco, bem no sei.
Mas tu... tu nada perdeste;
Que este mau coração meu
Nos secretos escaninhos
Tem venenos tão daninhos
Que o seu poder só sei eu.

Oh! vai... para sempre adeus!
Vai, que há justiça nos céus.
Sinto gerar na peçonha
Do ulcerado coração
Essa víbora medonha
Que por seu fatal condão
Há-de rasgá-lo ao nascer:
Há-de sim, serás vingada,
E o meu castigo há-de ser
Ciúme de ver-te amada,
Remorso de te perder.

Vai-te, oh! vai-te, longe, embora,
Que sou eu capaz agora
De te amar – Ai! se eu te amasse!
Vê se no árido pragal
Deste peito se ateasse
De amor o incêndio fatal!
Mais negro e feio no inferno
Não chameja o fogo eterno.
Que sim? Que antes isso? – Ai, triste!
Não sabes o que pediste.
Não te bastou suportar
O cepo-rei; impaciente
Tu ousas a deus tentar
Pedindo-lhe o rei-serpente!

E cuidas amar-me ainda?
Enganas-te: é morta, é finda,
Dissipada é a ilusão.
Do meigo azul de teus olhos
Tanta lágrima verteste,
Tanto esse orvalho celeste
Derramado o viste em vão
Nesta seara de abrolhos,
Que a fonte secou. Agora
Amarás... sim, hás-de amar,
Amar deves... Muito embora...
Oh! mas noutro hás-de sonhar
Os sonhos de oiro encantados
Que o mundo chamou amores.

E eu réprobo... eu se o verei?
Se em meus olhos encovados
Der a luz de teus ardores...
Se com ela cegarei?
Se o nada dessas mentiras
Me entrar pelo vão da vida...
Se, ao ver que feliz deliras,
Também eu sonhar... Perdida,
Perdida serás – perdida.

Oh! vai-te, vai, longe embora!
Que te lembre sempre e agora
Que não te amei nunca... ai! não;
E que pude a sangue-frio,
Covarde, infame, vilão,
Gozar-te – mentir sem brio,
Sem alma, sem dó, sem pejo,
Cometendo em cada beijo
Um crime... Ai! triste, não chores,
Não chores, anjo do céu,
Que o desonrado sou eu.

Perdoar-me tu?... Não mereço.
A imundo cerdo voraz
Essas pérolas de preço
Não as deites: é capaz
De as desprezar na torpeza
De sua bruta natureza.
Irada, te há-de admirar,
Despeitosa, respeitar,

Mas indulgente... Oh! o perdão
É perdido no vilão,
Que de ti há-de zombar.

Vai, vai... para sempre adeus!
Para sempre aos olhos meus
Sumido seja o clarão
De tua divina estrela.
Faltam-me olhos e razão
Para a ver, para entendê-la:
Alta está no firmamento
Demais, e demais é bela
Para o baixo pensamento
Com que em má hora a fitei;
Falso e vil o encantamento
Com que a luz lhe fascinei.

Que volte a sua beleza
Do azul do céu à pureza,
E que a mim me deixe aqui
Nas trevas em que nasci,
Trevas negras, densas, feias,
Como é negro este aleijão
Donde me vem sangue às veias,
Este que foi coração,
Este que amar-te não sabe
Porque é só terra – e não cabe
Nele uma ideia dos céus...
Oh! vai, vai; deixa-me, adeus!

QUANDO EU SONHAVA

Quando eu sonhava, era assim
Que nos meus sonhos a via;
E era assim que me fugia,
Apenas eu despertava,
Essa imagem fugidia
Que nunca pude alcançar.
Agora que estou desperto,
Agora a vejo fixar...
Para quê? – Quando era vaga,
Uma ideia, um pensamento,
Um raio de estrela incerto
No imenso firmamento,
Uma quimera, um vão sonho,
Eu sonhava – mas vivia:
Prazer não sabia o que era,
Mas dor, não na conhecia...
....

O ANJO CAÍDO

Era um anjo de Deus
Que se perdera dos céus
E terra a terra voava.
A seta que lhe acertava
Partira de arco traidor,
Porque as penas que levava
Não eram penas de amor.

O anjo caiu ferido,
E se viu aos pés rendido
Do tirano caçador.
De asa morta e sem splendor
O triste, peregrinando
Por estes vales de dor,
Andou gemendo e chorando.

Vi-o eu, o anjo dos céus,
O abandonado de Deus,
Vi-o, nessa tropelia
Que o mundo chama alegria,
Vi-o a taça do prazer
Pôr ao lábio que tremia...
E só lágrimas beber.

Ninguém mais na terra o via,
Era eu só que o conhecia...
Eu que já não posso amar!
Quem no havia de salvar?
Eu, que numa sepultura
Me fora vivo enterrar?
Loucura! ai, cega loucura!

Mas entre os anjos dos céus
Faltava um anjo ao seu Deus;
E remi-lo e resgatá-lo,
Daquela infâmia salvá-lo
Só força de amor podia.
Quem desse amor há-de amá-lo,
Se ninguém o conhecia?

Eu só – e eu morto, eu descrido,
Eu tive o arrojo atrevido
De amar um anjo sem luz.
Craveia-a eu nessa cruz
Minha alma que renascia,
Que toda em Sua alma pus.
E o meu ser se dividia,

Porque ele outra alma não tinha,
Outra alma senão a minha...
Tarde, ai! tarde o conheci,
Porque eu o meu ser perdi,
E ele à vida não volveu...
Mas da morte que eu morri
Também o infeliz morreu.

ESTE INFERNO DE AMAR

Este inferno de amar – como eu amo! –
Quem mo pôs aqui n'alma... quem foi?
Esta chama que alenta e consome,
Que é a vida – e que a vida destrói –
Como é que se veio a atear,
Quando – ai quando se há-de ela apagar?

Eu não sei, não me lembra: o passado,
A outra vida que dantes vivi
Era um sonho talvez... – foi um sonho –
Em que paz tão serena a dormi!
Oh! que doce era aquele sonhar...
Quem me veio, ai de mim! despertar?

Só me lembra que um dia formoso
Eu passei... dava o sol tanta luz!
E os meus olhos, que vagos giravam,
Em seus olhos ardentes os pus.
Que fez ela? eu que fiz? – Não no sei;
Mas nessa hora a viver comecei...

DESTINO

Quem disse à estrela o caminho
Que ela há-de seguir no céu?
A fabricar o seu ninho
Como é que a ave aprendeu?
Quem diz à planta – "Floresce!" –
E ao mudo verme que tece
Sua mortalha de seda
Os fios quem lhos enreda?

Ensinou alguém à abelha
Que no prado anda a zumbir
Se à flor branca ou à vermelha
O seu mel há-de ir pedir?
Que eras tu meu ser, querida,
Teus olhos a minha vida,
Teu amor todo o meu bem...
Ai! não mo disse ninguém.

Como a abelha corre ao prado,
Como no céu gira a estrela,
Como a todo o ente o seu fado
Por instinto se revela,
Eu no teu seio divino
Vim cumprir o meu destino...
Vim, que em ti só sei viver,
Só por ti posso morrer.

GOZO E DOR

Se estou contente, querida,
Com esta imensa ternura
De que me enche o teu amor?
– Não. Ai não; falta-me a vida;
Sucumbe-me a alma à ventura:
O excesso do gozo é dor.

Dói-me alma, sim; e a tristeza
Vaga, inerte e sem motivo,
No coração me poisou.
Absorto em tua beleza,
Não sei se morro ou se vivo,
Porque a vida me parou.

É que não há ser bastante
Para este gozar sem fim
Que me inunda o coração.
Tremo dele, e delirante
Sinto que se exaure em mim
Ou a vida – ou a razão.

PERFUME DA ROSA

Quem bebe, rosa, o perfume
Que de teu seio respira?
Um anjo, um silfo? Ou que nume
Com esse aroma delira?

Qual é o deus que, namorado,
De seu trono te ajoelha,
E esse néctar encantado
Bebe oculto, humilde abelha?

– Ninguém? – Mentiste: essa frente
Em languidez inclinada,
Quem ta pôs assim pendente?
Dize, rosa namorada.

E a cor de púrpura viva
Como assim te desmaiou?
E essa palidez lasciva
Nas folhas quem ta pintou?

Os espinhos que tão duros
Tinhas na rama lustrosa,
Com que magos esconjuras
Tos desarmaram, ó rosa?

E por quê, na hástea sentida
Tremes tanto ao pôr do sol?
Por que escutas tão rendida
O canto do rouxinol?

Que eu não ouvi um suspiro
Sussurrar-te na folhagem?
Nas águas desse retiro
Não espreitei a tua imagem?

Não a vi aflita, ansiada...
– Era de prazer ou dor? –
Mentiste, rosa, és amada,
E também tu amas, flor.

Mas ai! se não for um nume
O que em teu seio delira,
Há-de matá-lo o perfume
Que nesse aroma respira.

ROSA SEM ESPINHOS

Para todos tens carinhos,
A ninguém mostras rigor!
Que rosa és tu sem espinhos?
Ai, que não te entendo, flor!

Se a borboleta vaidosa
A desdém te vai beijar,
O mais que lhe fazes, rosa,
É sorrir e é corar.

E, quando a sonsa da abelha,
Tão modesta em seu zumbir,
Te diz: – "Ó rosa vermelha
"Bem me podes acudir:

"Deixa do cálix divino
"Uma gota só libar...
"Deixa, é néctar peregrino,
"Mel que eu não sei fabricar..."

Tu de lástima rendida,
De maldita compaixão,
Tu à súplica atrevida
Sabes tu dizer que não?

Tanta lástima e carinhos,
Tanto dó, nenhum rigor!
És rosa e não tens espinhos!
Ai! que não t'entendo, flor.

ROSA PÁLIDA

Rosa pálida, em meu seio
Vem, querida, sem receio
Esconder a aflita cor.
Ai! a minha pobre rosa!
Cuida que é menos formosa
Porque desbotou de amor.

Pois sim... quando livre, ao vento,
Solta de alma e pensamento,
Forte de tua isenção,
Tinhas na folha incendida
O sangue, o calor e a vida
Que ora tens no coração.

Mas não eras, não, mais bela.
Coitada, coitada dela,
A minha rosa gentil!
Coravam-na então desejos,
Desmaiam-na agora os beijos...
Vales mais mil vezes, mil.

Inveja das outras flores!
Inveja de quê, amores?
Tu, que vieste dos céus,
Comparar tua beleza

Às filhas da natureza!
Rosa, não tentes a Deus.

E vergonha!... de quê, vida?
Vergonha de ser querida;
Vergonha de ser feliz!
Por quê?... porque em teu semblante
A pálida cor da amante
A minha ventura diz?

Pois quando eras tão vermelha
Não vinha zângão e abelha
Em torno de ti zumbir?
Não ouvias entre as flores
Histórias dos mil amores
Que não tinhas, repetir?

Que hão-de eles dizer agora?
Que pendente e de quem chora
É o teu lânguido olhar?
Que a tez fina e delicada
Foi, de ser muito beijada,
Que te veio a desbotar?

Deixa-os: pálida ou corada,
Ou isenta ou namorada,
Que brilhe no prado flor,
Que fulja no céu estrela,
Ainda é ditosa e bela
Se lhe dão só um amor.

Ai! deixa-os, e no meu seio
Vem, querida, sem receio
Vem a frente reclinar.
Que pálida estás, que linda!
Oh! quanto mais te amo ainda
Dês que te fiz desbotar.

FLOR DE VENTURA

A flor de ventura
Que amor me entregou,
Tão bela e tão pura
Jamais a criou:

Não brota na selva
De inculto vigor,
Não cresce entre a relva
De virgem frescor;

Jardins de cultura
Não pode habitar
A flor de ventura
Que amor me quis dar.

Semente é divina
Que veio dos céus;
Só n'alma germina
Ao sopro de Deus.

Tão alva e mimosa
Não há outra flor;
Uns longes de rosa
Lhe avivam a cor.

E o aroma... Ai! delírio
Suave e sem fim!
É a rosa, é o lírio,
É o nardo e o jasmim;

É um filtro que apura,
Que exalta o viver,
E em doce tortura
Faz de ânsias morrer.

Ai! morrer... que sorte
Bendita de amor!
Que me leve a morte
Beijando-te, flor.

OS CINCO SENTIDOS

São belas – bem o sei, essas estrelas,
Mil cores – divinais têm essas flores;
Mas eu não tenho, amor, olhos para elas:
    Em toda a natureza
    Não vejo outra beleza
    Senão a ti – a ti!

Divina – ai! sim, será a voz que afina
Saudosa – na ramagem densa, umbrosa.
Será; mas eu do rouxinol que trina
    Não oiço a melodia,
    Nem sinto outra harmonia
    Senão a ti – a ti!

Respira – n'aura que entre as flores gira,
Celeste – incenso de perfume agreste.
Sei... não sinto: minha alma não aspira,
    Não percebe, não toma
    Senão o doce aroma
    Que vem de ti – de ti!

Formosos – são os pomos saborosos,
É um mimo – de néctar o racimo:
E eu tenho fome e sede... sequiosos,
    Famintos meus desejos

Estão... mas é de beijos,
É só de ti – de ti!

Macia – deve a relva luzidia
Do leito – ser por certo em que me deito.
Mas quem, ao pé de ti, quem poderia
    Sentir outras carícias,
    Tocar noutras delícias
    Senão em ti – em ti!

A ti! ai, a ti só os meus sentidos
    Todos num confundidos,
    Sentem, ouvem, respiram;
    Em ti, por ti deliram.
    Em ti a minha sorte,
    A minha vida em ti;
    E quando venha a morte,
    Será morrer por ti.

ROSA E LÍRIO

A rosa
É formosa
Bem sei.
Por que lhe chamam – flor
D'amor,
Não sei.

A flor,
Bem de amor
É o lírio;
Tem mel no aroma, – dor
Na cor
O lírio.

Se o cheiro
É fagueiro
Na rosa;
Se é de beleza – mor
Primor
A rosa:

No lírio
O martírio
Que é meu
Pintado vejo: – cor

E ardor
É o meu.

A rosa
É formosa,
Bem sei...
E será de outros flor
D'amor...
Não sei.

COQUETE DOS PRADOS

Coquete dos prados,
A rosa é uma flor
Que inspira e não sente
O encanto de amor.

De púrpura a vestem
Os raios do sol;
Suspiram por ela
Ais do rouxinol:

E as galas que traja
Não as agradece,
E o amor que acende
Não o reconhece.

Coquete dos prados
Rosa, linda flor,
Por que, se o não sentes,
Inspiras amor?

CASCAIS

Acabava ali a terra
Nos derradeiros rochedos,
A deserta, árida serra
Por entre os negros penedos
Só deixa viver mesquinho
Triste pinheiro maninho.

E os ventos despregados
Sopravam rijos na rama,
E os céus turvos, anuviados,
O mar que incessante brama...
Tudo ali era braveza
De selvagem natureza.

Aí, na quebra do monte,
Entre uns juncos mal medrados,
Seco o rio, seca a fonte,
Ervas e matos queimados,
Aí nessa bruta serra,
Aí foi um céu na terra.

Ali sós no mundo, sós,
Santo Deus! como vivemos!
Como éramos tudo nós
E de nada mais soubemos!

Como nos folgava a vida
De tudo o mais esquecida!

Que longos beijos sem fim,
Que falar dos olhos mudo!
Como ela vivia em mim,
Como eu tinha nela tudo,
Minha alma em sua razão,
Meu sangue em seu coração!

Os anjos aqueles dias
Contaram na eternidade:
Que essas horas fugidias,
Séculos na intensidade,
Por milénios marca Deus
Quando as dá aos que são seus.

Ai! sim, foi a tragos largos,
Longos, fundos, que a bebi
Do prazer a taça: – amargos
Depois... depois os senti
Os travos que ela deixou...
Mas como eu ninguém gozou.

Ninguém: que é preciso amar
Como eu amei – ser amado
Como eu fui; dar, e tomar
Do outro ser a quem se há dado,
Toda a razão, toda a vida
Que em nós se anula perdida.

Ai, ai! que pesados anos
Tardios depois vieram!
Oh! que fatais desenganos,
Ramo a ramo, a desfizeram
A minha choça na serra,
Lá onde se acaba a terra!

Se o visse... não quero vê-lo
Aquele sítio encantado;
Certo estou não conhecê-lo,
Tão outro estará mudado,
Mudado como eu, como ela,
Que a vejo sem conhecê-la!

Inda ali acaba a terra,
Mas já o céu não começa;
Que aquela visão da serra
Sumiu-se na treva espessa,
E deixou nua a bruteza
Dessa agreste natureza.

ESTES SÍTIOS!

Olha bem estes sítios queridos,
Vê-os bem neste olhar derradeiro...
Ai! o negro dos montes erguidos,
Ai! o verde do triste pinheiro!
Que saudades que deles teremos...
Que saudade! ai, amor, que saudade!
Pois não sentes, neste ar que bebemos,
No acre cheiro da agreste ramagem,
Estar-se alma a tragar liberdade
E a crescer de inocência e vigor!
Oh! aqui, aqui só se engrinalda
Da pureza da rosa selvagem,
E contente aqui só vive Amor.
O ar queimado das salas lhe escalda
De suas asas o níveo candor,
E na frente arrugada lhe cresta
A inocência infantil do pudor.
E oh! deixar tais delícias como esta!
E trocar este céu de ventura
Pelo inferno da escrava cidade!
Vender alma e razão à impostura,
Ir saudar a mentira em sua corte,
Ajoelhar em seu trono à vaidade,
Ter de rir nas angústias da morte,

Chamar vida ao terror da verdade...
Ai! não, não... nossa vida acabou,
Nossa vida aqui toda ficou
Diz-lhe adeus neste olhar derradeiro,
Dize à sombra dos montes erguidos,
Dize-o ao verde do triste pinheiro,
Dize-o a todos os sítios queridos
Desta rude, feroz soledade,
Paraíso onde livres vivemos,
Oh! saudades que dele teremos,
Que saudade! ai, amor, que saudade!

NÃO TE AMO

Não te amo, quero-te: o amar vem d'alma.
E eu n'alma – tenho a calma,
A calma – do jazigo.
Ai! não te amo, não.

Não te amo, quero-te: o amor é vida.
E a vida – nem sentida
A trago eu já comigo.
Ai, não te amo, não!

Ai! não te amo, não; e só te quero
De um querer bruto e fero
Que o sangue me devora,
Não chega ao coração.

Não te amo. És bela; e eu não te amo, ó bela.
Quem ama a aziaga estrela
Que lhe luz na má hora
Da sua perdição?

E quero-te, e não te amo, que é forçado,
De mau feitiço azado
Este indigno furor.
Mas oh! não te amo, não.

E infame sou, porque te quero; e tanto
    Que de mim tenho espanto,
    De ti medo e terror...
    Mas amar!... não te amo, não.

NÃO ÉS TU

Era assim, tinha esse olhar,
A mesma graça, o mesmo ar,
Corava da mesma cor,
Aquela visão que eu vi
Quando eu sonhava de amor,
Quando em sonhos me perdi.

Toda assim; o porte altivo,
O semblante pensativo,
E uma suave tristeza
Que por toda ela descia
Como um véu que lhe envolvia,
Que lhe adoçava a beleza.

Era assim; o seu falar,
Ingénuo e quase vulgar,
Tinha o poder da razão
Que penetra, não seduz;
Não era fogo, era luz
Que mandava ao coração.

Nos olhos tinha esse lume,
No seio o mesmo perfume,
Um cheiro a rosas celestes,
Rosas brancas, puras, finas,

Viçosas como boninas,
Singelas sem ser agrestes.

Mas não és tu... ai! não és:
Toda a ilusão se desfez.
Não és aquela que eu vi,
Não és a mesma visão,
Que essa tinha coração,
Tinha, que eu bem lho senti.

ANJO ÉS

Anjo és tu, que esse poder
Jamais o teve mulher,
Jamais o há-de ter em mim.
Anjo és, que me domina
Teu ser o meu ser sem fim;
Minha razão insolente
Ao teu capricho se inclina,
E minha alma forte, ardente,
Que nenhum jugo respeita,
Covardemente sujeita
Anda humilde a teu poder.
Anjo és tu, não és mulher.

Anjo és. Mas que anjo és tu?
Em tua frente anuviada
Não vejo a c'roa nevada
Das alvas rosas do céu.
Em teu seio ardente e nu
Não vejo ondear o véu
Com que o sôfrego pudor
Vela os mistérios d'amor.
Teus olhos têm negra a cor,
Cor de noite sem estrela;
A chama é vivaz e é bela,

Mas luz não têm. – Que anjo és tu?
Em nome de quem vieste?
Paz ou guerra me trouxeste
De Jeová ou Belzebu?

Não respondes – e em teus braços
Com frenéticos abraços
Me tens apertado, estreito!...
Isto que me cai no peito
Que foi?... – Lágrima? – Escaldou-me...
Queima, abrasa, ulcera... Dou-me,
Dou-me a ti, anjo maldito,
Que este ardor que me devora
É já fogo de precito,
Fogo eterno, que em má hora
Trouxeste de lá... De donde?
Em que mistérios se esconde
Teu fatal, estranho ser!
Anjo és tu ou és mulher?

BARCA BELA

Pescador da barca bela,
Onde vás pescar com ela,
    Que é tão bela,
    Oh pescador?

Não vês que a última estrela
No céu nublado se vela?
    Colhe a vela,
    Oh pescador!

Deita o lanço com cautela,
Que a sereia canta bela...
    Mas cautela,
    Oh pescador!

Não se enrede a rede nela,
Que perdido é remo e vela
    Só de vê-la,
    Oh pescador.

Pescador da barca bela,
Inda é tempo, foge dela,
    Foge dela
    Oh pescador!

A COROA

Bem sei que é toda de flores
Essa coroa de amores
Que na frente vais cingir.
Mas é coroa – é reinado;
E a posto mais arriscado
Não se pode hoje subir.

Nesses reinos populosos
Os vassalos revoltosos
Tarde ou cedo dão a lei.
Quem há-de conter, domá-los,
Se são tantos os vassalos
E um só o pobre do rei?

Não vejo, rainha bela,
Para fugir essa estrela
Que os reis persegue sem dó,
Mais que um meio – falo sério:
É pôr limites ao império
E ter um vassalo só.

A ROSA – UM SUSPIRO

Se esta flor tão bela e pura,
Que apenas uma hora dura,
Pintado tem no matiz
O que em seu perfume diz,
Por certo na linda cor
Mostra um suspiro de amor:
Dos que eu chego a conhecer
É este o maior prazer.
E a rosa como um suspiro
Há-de ser; bem se discorre:
Tem na vida o mesmo giro,
É um gosto que nasce e – morre.

SEUS OLHOS

Seus olhos – se eu sei pintar
O que os meus olhos cegou –
Não tinham luz de brilhar,
Era chama de queimar;
E o fogo que a ateou
Vivaz, eterno, divino,
Como facho do Destino.

Divino, eterno! – e suave
Ao mesmo tempo: mas grave
E de tão fatal poder,
Que, um só momento que a vi,
Queimar toda alma senti...
Nem ficou mais de meu ser,
Senão a cinza em que ardi.

BIOGRAFIA

João Leitão da Silva nasceu em 4 de fevereiro de 1799, no Porto. Era o segundo filho de António Bernardo da Silva e de Ana Augusta de Almeida Leitão. Mais tarde mudou seu nome para João Baptista da Silva Leitão de Almeida Garrett, tendo retirado o penúltimo sobrenome da família materna e o último, de origem irlandesa, da paterna.

Em 1808, com a invasão napoleônica, seu pai se transfere com a família para a Ilha Terceira, nos Açores. Em 1816 Garrett retorna a Portugal e vai para Coimbra, onde se matricula na faculdade de Direito. Participa da Revolução Liberal de 1820 e, em 1821, presta os exames finais do curso de Direito, ano em que publica também o opúsculo *O 24 de agosto*, que tinha como objetivo comemorar o aniversário da Revolução Liberal e atacar a Monarquia Absolutista. Data também de 1821 a publicação de *O retrato de Vênus*, obra que lhe rendeu um processo por ser considerada imoral. Em 1822, casa-se com d. Luísa Midosi, de apenas catorze anos.

 Um ano depois, Garrett segue sem a esposa para o exílio na Inglaterra, após a retomada do poder pelas tropas de dom Miguel, numa operação que ficou conhecida como Vilafrancada. D. Luísa Midosi segue-o logo depois, e em 1824 ambos vão para a França, país em que são escritos os poemas *Camões* e *D. Branca*. Garrett retorna a Portugal em 1826 e se dedica ao jornalismo, fundando com o amigo Paulo Midosi o jornal *O Português* e o semanário *O Cronista*. É nos meios literários da França e da Inglaterra que Garrett faz contato com o movimento romântico, sendo considerado o seu introdutor em Portugal.

Em 1828, é obrigado a deixar novamente a pátria, após o regresso de dom Miguel ao país com o intuito de restaurar a Monarquia Absolutista. No mesmo ano, perde a filha recém-nascida. O casal vai para Londres; Garrett publica *Adozinda* e *Catão* e, em 1829, a *Lírica de João Mínimo*. Também em 1829 funda em Londres o jornal *O Chaveco Liberal*. Em 1830 funda o jornal *O Precursor*.

Em 1832, participa da expedição liberal que desembarca no Mindelo e ocupa o Porto. Ainda no mesmo ano, vai a Londres numa missão, mas depois acaba impedido de retornar a Portugal, indo para Paris, onde se encontra com a mulher. Em julho de 1833 pode enfim retornar ao seu país e em novembro é nomeado secretário da comissão de reforma geral dos estudos. Em fevereiro de 1834 é nomeado cônsul-geral e encarregado de negócios na Bélgica. Em 1835 começa a apresentar problemas de saúde e em 1836 retorna ao seu país, ano em que também se separa de Luísa Midosi e inicia um romance com Adelaide Pastor. Ainda em 1836, Garrett participa da organização da Inspeção-Geral de Teatros, da fundação do Teatro Nacional D. Maria II e da criação do Conservatório de Arte Dramática, colaborando com o governo setembrista de Passos Manuel. A partir de então, escreve muitas obras dramáticas, tais como *Um auto de Gil Vicente*, *Dona Filipa de Vilhena*, *O alfageme de Santarém* e *Frei Luís de Sousa*.

Em 1837 é eleito deputado, função que desempenhará por vários anos seguidos. Em 1938 é nomeado cronista-mor do reino, organizando sessões de leituras públicas de história. No mesmo ano, perde os dois filhos que tivera com Adelaide Pastor, que vem a falecer em 1841, depois de ter dado à luz Maria Adelaide.

Em 1843, começa a publicar as *Viagens na minha terra* na *Revista Universal Lisbonense*, publicação terminada apenas em 1846. A publicação d'*O arco de Sant'Ana* e da primeira edição de *Flores sem fruto* datam de 1845, época em que Almeida Garrett conhece Rosa Montufar Infante, a viscondessa da Luz, casada com o oficial do Exército Joaquim António Velez Barreiros. Em 1846 inicia-se uma relação amorosa entre os dois que durará alguns anos, sendo Rosa Montufar identificada como a inspiradora das *Folhas caídas*, último livro publicado por Garrett, em 1853.

Recebe, em 1851, o título de visconde e, em 1852, é eleito novamente deputado, ocupando também o cargo de ministro dos Negócios Estrangeiros. Morre em Lisboa a 9 de dezembro de 1854, em decorrência de um câncer, ao lado da filha Maria Adelaide e do amigo Gomes de Amorim.

BIBLIOGRAFIA

Principais obras publicadas em vida:

O retrato de Vênus. Coimbra: Imprensa da Universidade de Coimbra, 1821.
Catão. Lisboa: Impressão Liberal, 1822.
Camões. Paris: Livraria Nacional e Estrangeira, 1825.
Dona Branca ou A conquista do Algarve. Paris: J. P. Aillaud, 1826.
Carta de guia para eleitores. Lisboa: Tip. de Desidério Marques Leão, 1826.
Adozinda. Londres: Boosey and Son, 1828.
Lírica de João Mínimo. Londres: Sustenance e Stretch, 1829.
Da educação. Londres: Sustenance e Stretch, 1829.
Portugal na balança da Europa. Londres: [s.n.], 1830.
Um auto de Gil Vicente. Mérope. Lisboa: José Baptista Morando, 1841.
O alfageme de Santarém ou A espada do condestável. Lisboa: Imprensa Nacional, 1842.
Frei Luís de Sousa. Lisboa: Imprensa Nacional, 1844.
Flores sem fruto. Lisboa: Imprensa Nacional, 1845.
O arco de Sant'Ana. Lisboa: Imprensa Nacional, 1845.
Falar verdade a mentir. Dona Filipa de Vilhena. Tio Simplício. Lisboa: Imprensa Nacional, 1846.
Viagens na minha terra. Lisboa: Imprensa Nacional, 1846.
A sobrinha do marquês. Lisboa: Imprensa Nacional, 1848.

Romanceiro. Lisboa: Imprensa Nacional, 1851.
Folhas caídas. Lisboa: Viúva Bertrand e Filhos/Imprensa Nacional, 1853.

Principais obras póstumas:

O noivado no Dafundo. Lisboa: Livraria Viúva Marques Filha, 1857.
O roubo das sabinas (edição crítica, fixação de texto, introdução e notas de Augusto da Costa Dias). Lisboa: Portugália, 1968.
Helena (fragmento de um romance). Lisboa: Imprensa Nacional, 1871.
Discursos parlamentares e memórias biográficas. Lisboa: Imprensa Nacional, 1871.
Profecias do Bandarra. Lisboa: Empresa da História de Portugal, 1900.
Política, reflexões e opúsculos, correspondência diplomática. Lisboa: Empresa da História de Portugal, 1904.
Bosquejo da história da poesia e Língua latina portuguesa. Lisboa: Empresa da História de Portugal, 1904.
Doutrinas de estética literária (prefácio e notas de Agostinho da Silva). Lisboa: Gráfica Lisbonense, 1938.
Magriço ou Os doze de Inglaterra. Lisboa: Edições 70, 1978.
Cartas de amor à viscondessa da Luz (edição de José Bruno Carreiro). Lisboa: Empresa Nacional de Publicidade, [s.d.].

ÍNDICE

Almeida Garrett: a poesia em tempos de prosa..................7

SONETOS

Camões náufrago 19

LÍRICA DE JOÃO MÍNIMO
(1829)

A primavera 23
Aniversário da Revolução de 24 de agosto 26
O exílio 30
O Natal em Londres...32

FLORES SEM FRUTO
(1845)

Advertência...37
O sacrifício (de Safo) 41
A lira (de Anacreonte) 42
A pombinha (de Anacreonte) 43
A tempestade 46
Tronco despido 48
Não creio nesse rigor 49
Ramo seco..50

Já não sou poeta..52
As minhas asas 54
Olhos negros 56

FOLHAS CAÍDAS
(1853)

Advertência..59
Ignoto Deo...62
Adeus!..64
Quando eu sonhava...68
O anjo caído 69
Este inferno de amar..71
Destino...72
Gozo e dor 74
Perfume da rosa...75
Rosa sem espinhos 77
Rosa pálida 79
Flor de ventura 82
Os cinco sentidos...84
Rosa e lírio...86
Coquete dos prados 88
Cascais 89
Estes sítios!..92
Não te amo 94
Não és tu..96
Anjo és 98
Barca bela..100
A coroa 101
A rosa – um suspiro 102
Seus olhos 103

Biografia..105
Bibliografia 109

COLEÇÃO MELHORES CONTOS

Aníbal Machado
Seleção e prefácio de Antonio Dimas

Lygia Fagundes Telles
Seleção e prefácio de Eduardo Portella

Breno Accioly
Seleção e prefácio de Ricardo Ramos

Marques Rebelo
Seleção e prefácio de Ary Quintella

Moacyr Scliar
Seleção e prefácio de Regina Zilbermann

Machado de Assis
Seleção e prefácio de Domício Proença Filho

Herberto Sales
Seleção e prefácio de Judith Grossmann

Rubem Braga
Seleção e prefácio de Davi Arrigucci Jr.

Lima Barreto
Seleção e prefácio de Francisco de Assis Barbosa

João Antônio
Seleção e prefácio de Antônio Hohlfeldt

Eça de Queirós
Seleção e prefácio de Herberto Sales

Mário de Andrade
Seleção e prefácio de Telê Ancona Lopez

Luiz Vilela
Seleção e prefácio de Wilson Martins

J. J. Veiga
Seleção e prefácio de J. Aderaldo Castello

João do Rio
Seleção e prefácio de Helena Parente Cunha

Ignácio de Loyola Brandão
Seleção e prefácio de Deonísio da Silva

LÊDO IVO
Seleção e prefácio de Afrânio Coutinho

RICARDO RAMOS
Seleção e prefácio de Bella Jozef

MARCOS REY
Seleção e prefácio de Fábio Lucas

SIMÕES LOPES NETO
Seleção e prefácio de Dionísio Toledo

HERMILO BORBA FILHO
Seleção e prefácio de Silvio Roberto de Oliveira

BERNARDO ÉLIS
Seleção e prefácio de Gilberto Mendonça Teles

AUTRAN DOURADO
Seleção e prefácio de João Luiz Lafetá

JOEL SILVEIRA
Seleção e prefácio de Lêdo Ivo

JOÃO ALPHONSUS
Seleção e prefácio de Afonso Henriques Neto

ARTUR AZEVEDO
Seleção e prefácio de Antonio Martins de Araujo

RIBEIRO COUTO
Seleção e prefácio de Alberto Venancio Filho

OSMAN LINS
Seleção e prefácio de Sandra Nitrini

ORÍGENES LESSA
Seleção e prefácio de Glória Pondé

DOMINGOS PELLEGRINI
Seleção e prefácio de Miguel Sanches Neto

CAIO FERNANDO ABREU
Seleção e prefácio de Marcelo Secron Bessa

EDLA VAN STEEN
Seleção e prefácio de Antonio Carlos Secchin

FAUSTO WOLFF
Seleção e prefácio de André Seffrin

AURÉLIO BUARQUE DE HOLANDA
Seleção e prefácio de Luciano Rosa

ALUÍSIO AZEVEDO
Seleção e prefácio de Ubiratan Machado

SALIM MIGUEL
Seleção e prefácio de Regina Dalcastagnè

ARY QUINTELLA
Seleção e prefácio de Monica Rector

HÉLIO PÓLVORA
Seleção e prefácio de André Seffrin

WALMIR AYALA*
Seleção e prefácio de Maria da Glória Bordini

HUMBERTO DE CAMPOS*
Seleção e prefácio de Evanildo Bechara

*PRELO

COLEÇÃO MELHORES POEMAS

CASTRO ALVES
Seleção e prefácio de Lêdo Ivo

LÊDO IVO
Seleção e prefácio de Sergio Alves Peixoto

FERREIRA GULLAR
Seleção e prefácio de Alfredo Bosi

MARIO QUINTANA
Seleção e prefácio de Fausto Cunha

CARLOS PENA FILHO
Seleção e prefácio de Edilberto Coutinho

TOMÁS ANTÔNIO GONZAGA
Seleção e prefácio de Alexandre Eulalio

MANUEL BANDEIRA
Seleção e prefácio de Francisco de Assis Barbosa

CECÍLIA MEIRELES
Seleção e prefácio de Maria Fernanda

CARLOS NEJAR
Seleção e prefácio de Léo Gilson Ribeiro

LUÍS DE CAMÕES
Seleção e prefácio de Leodegário A. de Azevedo Filho

GREGÓRIO DE MATOS
Seleção e prefácio de Darcy Damasceno

ÁLVARES DE AZEVEDO
Seleção e prefácio de Antonio Candido

MÁRIO FAUSTINO
Seleção e prefácio de Benedito Nunes

ALPHONSUS DE GUIMARAENS
Seleção e prefácio de Alphonsus de Guimaraens Filho

OLAVO BILAC
Seleção e prefácio de Marisa Lajolo

JOÃO CABRAL DE MELO NETO
Seleção e prefácio de Antonio Carlos Secchin

FERNANDO PESSOA
Seleção e prefácio de Teresa Rita Lopes

Augusto dos Anjos
Seleção e prefácio de José Paulo Paes

Bocage
Seleção e prefácio de Cleonice Berardinelli

Mário de Andrade
Seleção e prefácio de Gilda de Mello e Souza

Paulo Mendes Campos
Seleção e prefácio de Guilhermino Cesar

Luís Delfino
Seleção e prefácio de Lauro Junkes

Gonçalves Dias
Seleção e prefácio de José Carlos Garbuglio

Haroldo de Campos
Seleção e prefácio de Inês Oseki-Dépré

Gilberto Mendonça Teles
Seleção e prefácio de Luiz Busatto

Guilherme de Almeida
Seleção e prefácio de Carlos Vogt

Jorge de Lima
Seleção e prefácio de Gilberto Mendonça Teles

Casimiro de Abreu
Seleção e prefácio de Rubem Braga

Murilo Mendes
Seleção e prefácio de Luciana Stegagno Picchio

Paulo Leminski
Seleção e prefácio de Fred Góes e Álvaro Marins

Raimundo Correia
Seleção e prefácio de Telenia Hill

Cruz e Sousa
Seleção e prefácio de Flávio Aguiar

Dante Milano
Seleção e prefácio de Ivan Junqueira

José Paulo Paes
Seleção e prefácio de Davi Arrigucci Jr.

Cláudio Manuel da Costa
Seleção e prefácio de Francisco Iglésias

MACHADO DE ASSIS
Seleção e prefácio de Alexei Bueno

HENRIQUETA LISBOA
Seleção e prefácio de Fábio Lucas

AUGUSTO MEYER
Seleção e prefácio de Tania Franco Carvalhal

RIBEIRO COUTO
Seleção e prefácio de José Almino

RAUL DE LEONI
Seleção e prefácio de Pedro Lyra

ALVARENGA PEIXOTO
Seleção e prefácio de Antonio Arnoni Prado

CASSIANO RICARDO
Seleção e prefácio de Luiza Franco Moreira

BUENO DE RIVERA
Seleção e prefácio de Affonso Romano de Sant'Anna

IVAN JUNQUEIRA
Seleção e prefácio de Ricardo Thomé

CORA CORALINA
Seleção e prefácio de Darcy França Denófrio

ANTERO DE QUENTAL
Seleção e prefácio de Benjamin Abdalla Junior

NAURO MACHADO
Seleção e prefácio de Hildeberto Barbosa Filho

FAGUNDES VARELA
Seleção e prefácio de Antonio Carlos Secchin

CESÁRIO VERDE
Seleção e prefácio de Leyla Perrone-Moisés

FLORBELA ESPANCA
Seleção e prefácio de Zina Bellodi

VICENTE DE CARVALHO
Seleção e prefácio de Cláudio Murilo Leal

PATATIVA DO ASSARÉ
Seleção e prefácio de Cláudio Portella

ALBERTO DA COSTA E SILVA
Seleção e prefácio de André Seffrin

ALBERTO DE OLIVEIRA
Seleção e prefácio de Sânzio de Azevedo

WALMIR AYALA
Seleção e prefácio de Marco Lucchesi

ALPHONSUS DE GUIMARAENS FILHO
Seleção e prefácio de Afonso Henriques Neto

MENOTTI DEL PICCHIA
Seleção e prefácio de Rubens Eduardo Ferreira Frias

ÁLVARO ALVES DE FARIA
Seleção e prefácio de Carlos Felipe Moisés

SOUSÂNDRADE
Seleção e prefácio de Adriano Espínola

LINDOLF BELL
Seleção e prefácio de Péricles Prade

THIAGO DE MELLO
Seleção e prefácio de Marcos Frederico Krüger

ARNALDO ANTUNES
Seleção e prefácio de Noemi Jaffe

ARMANDO FREITAS FILHO
Seleção e prefácio de Heloisa Buarque de Hollanda

LUIZ DE MIRANDA
Seleção e prefácio de Regina Zilbermann

AFFONSO ROMANO DE SANT'ANNA
Seleção e prefácio de Miguel Sanches Neto

MÁRIO DE SÁ-CARNEIRO
Seleção e prefácio de Lucila Nogueira

AUGUSTO FREDERICO SCHMIDT
Seleção e prefácio de Ivan Marques

ALMEIDA GARRETT
Seleção e prefácio de Izabela Leal

RUY ESPINHEIRA FILHO*
Seleção e prefácio de Sérgio Martagão

*PRELO

CTP•Impressão•Acabamento
Com arquivos fornecidos pelo Editor

EDITORA e GRÁFICA
VIDA & CONSCIÊNCIA

R. Agostinho Gomes, 2312 • Ipiranga • SP
Fone/fax: (11) 3577-3200 / 3577-3201
e-mail:grafica@vidaeconsciencia.com.br
site: www.vidaeconsciencia.com.br